의문사로 배우는

언어치료 워크북

3 왜?

글 _ 이효진
• 대구대학교 재활산업학과 석사과정

글 _ 김정완
• 대구대학교 언어치료학과 교수

글 _ 류효정
• 자람아동발달연구소 소장

의문사로 배우는
언어치료
워크북
3 왜?

초판발행 2016년 5월 27일
초판 3쇄 2019년 1월 11일

지은이 이효진 · 김정완 · 류효정
그린이 박보배밋나
펴낸이 채종준
기 획 조가연
편 집 박미화
디자인 이효은
마케팅 황영주

펴낸곳 한국학술정보(주)
주 소 경기도 파주시 회동길 230(문발동)
전 화 031-908-3181(대표)
팩 스 031-908-3189
홈페이지 http://ebook.kstudy.com
E-mail 출판사업부 publish@kstudy.com
등 록 제일산-115호(2000. 6. 19)

ISBN 978-89-268-7438-7 14370
       978-89-268-7432-5 (전5권)

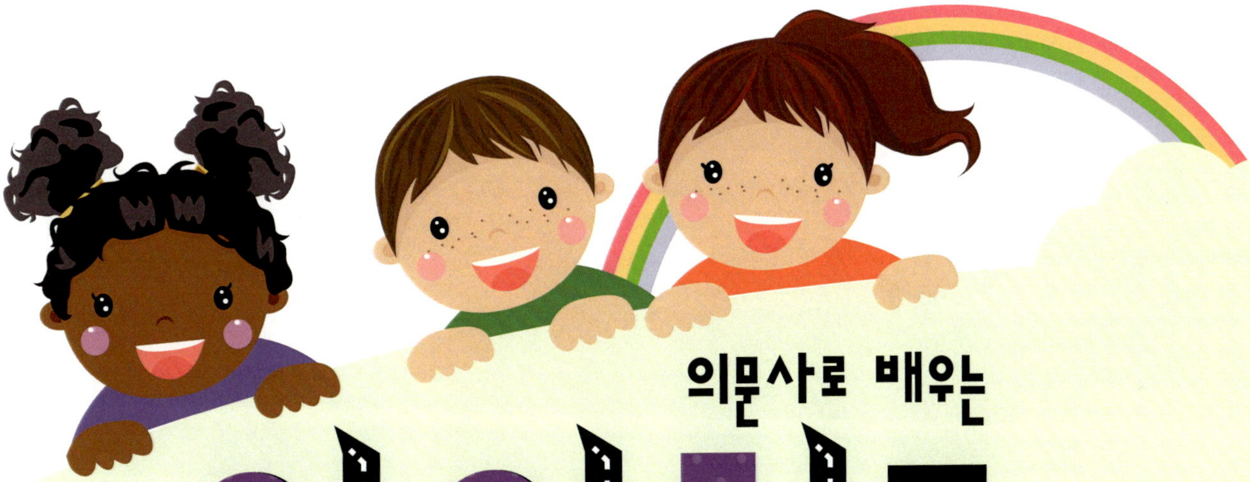

의문사로 배우는

언어치료 워크북

이효진 · 김정완 · 류효정 지음

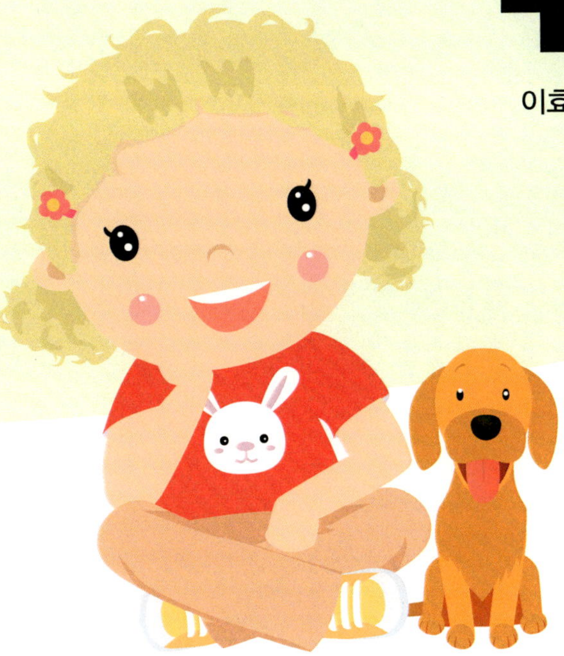

3

왜?

이담 Books

아이들은
자라면서

인지 및 언어능력이 발달함에 따라 다양한 의문사를 습득하게 됩니다. 이러한 의문사를 활용한 질문들은 아동 언어치료 현장에서 언어 및 인지발달을 촉진시킬 수 있는 효과적인 도구로 사용되고 있습니다.

의문사 형태의 의미를 제대로 습득하지 못한 아동들의 경우, 여러 가지 의문사 질문에 대해 자기가 알고 있는 의문사 형태로만 대답하는 양상을 보이게 됩니다. 정상 발달 아동의 경우, '무엇(목적격)', '누구(목적격)', '어디서', '왜', '언제'의 순서로 의문사를 이해하게 되는데, 지적장애 아동들의 경우 그림 조건에서 '무엇', '누구', '왜'에 대한 이해가 좀 더 높아지는 경향이 있습니다.

따라서 그림을 제시하고 여러 가지 격조사와 태를 이용한 문형의 구성을 통해 언어발달지체 아이들을 훈련하는 것은 좀 더 다양한 맥락 안에서 활발하게 의문사를 이해하고 적절한 대답을 산출할 수 있도록 도와줍니다. 『의문사로 배우는 언어치료 워크북』(전5권)이 아이들의 일상생활 속에서 의문사를 이해하고 사용하는 데 도움이 되길 바랍니다.

옥 차

 이 책을 내면서   05

✏️ 이렇게 사용하세요   08

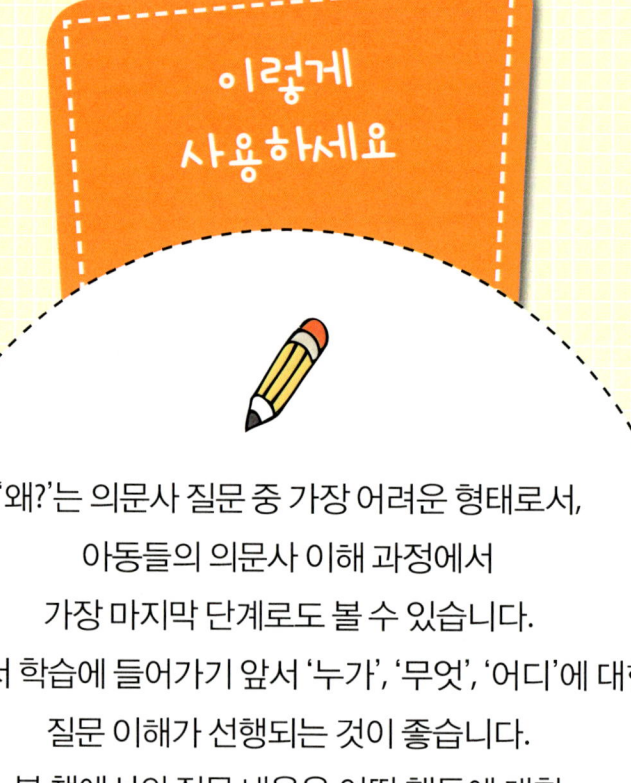

'왜?'는 의문사 질문 중 가장 어려운 형태로서,
아동들의 의문사 이해 과정에서
가장 마지막 단계로도 볼 수 있습니다.
따라서 학습에 들어가기 앞서 '누가', '무엇', '어디'에 대한
질문 이해가 선행되는 것이 좋습니다.
본 책에서의 질문 내용은 어떤 행동에 대한
이유를 묻는 것과 사물의 필요성에 대한
일반적인 상식을 묻는
두 가지로 나누어집니다.

시행방법

1_ 아동에게 첫 번째 그림을 보여주면서 질문을 읽어주고 적절한 대답을 생각해볼 시간을 줍니다. 이때 아래 그림은 가려주세요.

2_ 아동이 적절한 반응을 보일 경우, 아래 그림을 보여주고 정반응을 다시 한 번 강화해줍니다. 강화는 구어로 정확한 표현을 들려주거나 해당 그림을 색칠하게 하는 방식들이 있습니다.

3_ 아동이 무반응 또는 오반응을 보일 경우에는 아래 그림을 보여주고 시각적으로 촉진 단서를 제공하고, 질문을 다른 형태로 바꾸어 다시 질문하거나, 아동이 해야 할 대답을 치료사가 들려줄 수도 있습니다.

왜

01

이 사람은
컴퓨터가 있는데
왜 연필로 작업을 하나요?

왜

02

횡단보도를 건너기 전에
왜 신호등을 봐야 하나요?

왜

03

이 사람은
왜 면도를 하나요?

왜

04

안전벨트는
왜 매야 하나요?

왜

05

겨울에는
왜 실외에서 수영하면 안 되나요?

왜

06

한꺼번에 사탕을 많이 먹으면
왜 안 되나요?

왜

07

악어는
왜 애완동물로 키우지 못 하나요?

왜

08

어른들은
왜 아침에 커피를 마시나요?

왜

09

엄마는
왜 화장을 하나요?

왜

10

학생들은
왜 학교에 가나요?

왜

11

신발을 신고 침대 위에 누우면
왜 안 되나요?

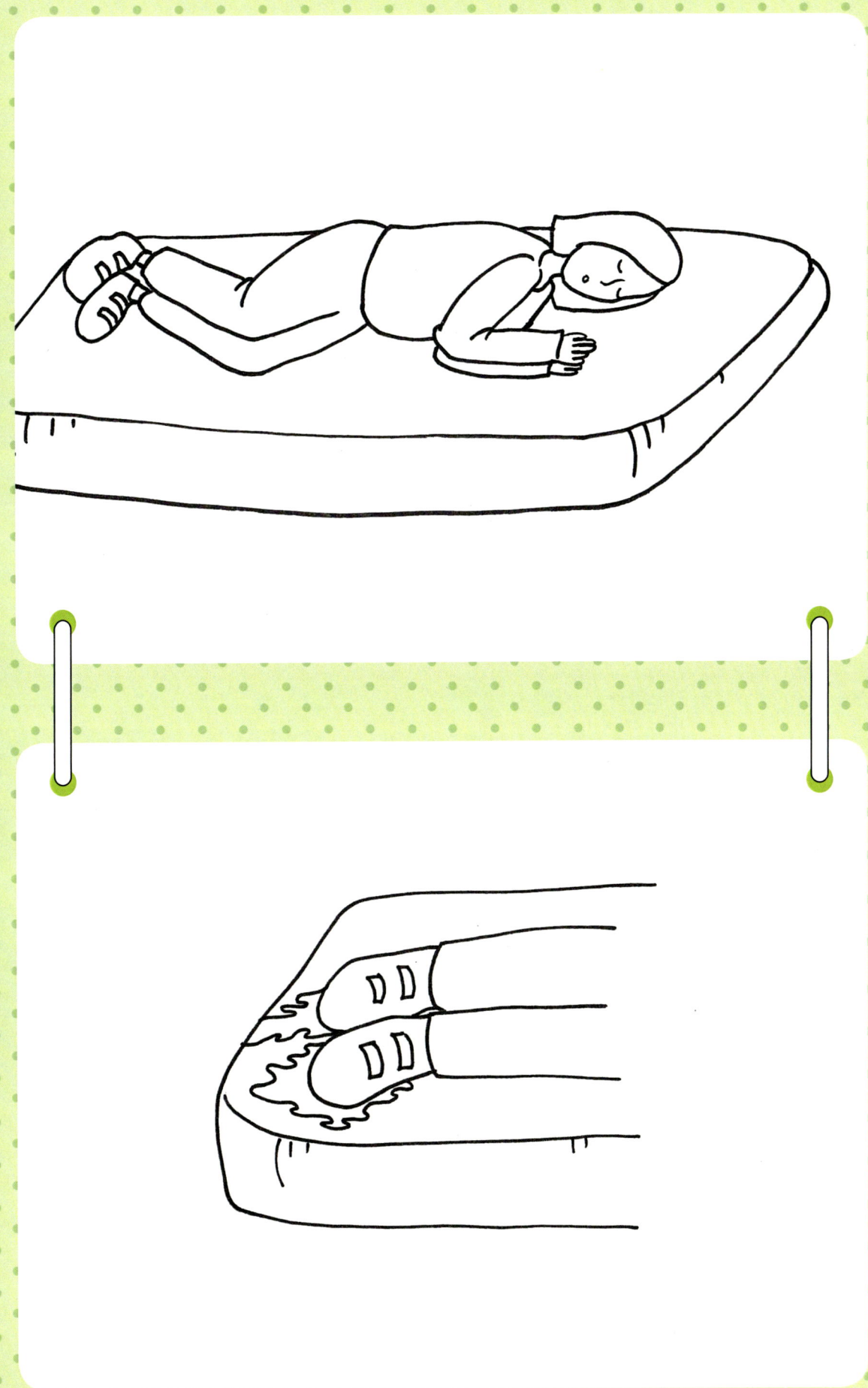

왜

12

개에게 목줄을
왜 매야 하나요?

왜

13

빨래를 안 하면
왜 안 되나요?

왜

14

할아버지께
왜 공손히 인사해야 하나요?

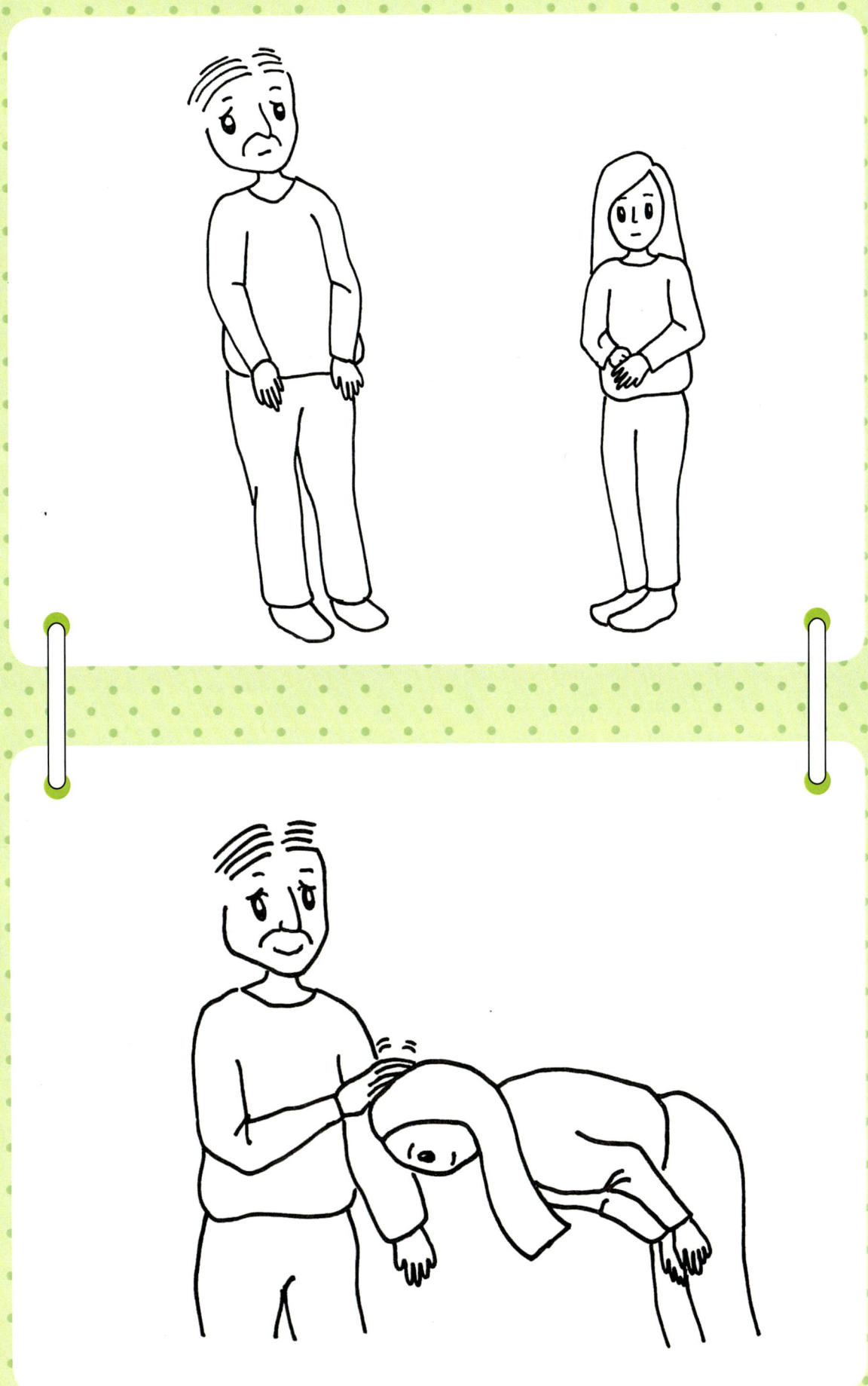

왜

15

왜 드라이버로
문을 여나요?

왜

? 16

헬멧은
왜 착용해야 하나요?

왜

17

스테이크는
왜 숟가락으로 먹을 수 없나요?

왜

18

휴대폰은
왜 필요하나요?

왜

19

우비에는
왜 모자가 달려있나요?

왜

20

종이로 된 접시를
왜 사용하나요?

왜

21

차에는
왜 와이퍼가 있나요?

왜

22

집에는
왜 창문이 있나요?

왜

23

사람들은
왜 약을 먹나요?

왜

24

사람들은
왜 안경을 쓰나요?

왜

25

사람들은
왜 양치질을 하나요?

왜

26

국수는
왜 숟가락으로 먹지 못 하나요?

왜

27

집 현관에
왜 편지함이 있나요?

왜

28

자전거 앞에
왜 바구니가 있나요?

왜

29

물뿌리개에는
왜 손잡이가 있나요?